essentials

essentials liefern aktuelles Wissen in konzentrierter Form. Die Essenz dessen, worauf es als „State-of-the-Art" in der gegenwärtigen Fachdiskussion oder in der Praxis ankommt. *essentials* informieren schnell, unkompliziert und verständlich

- als Einführung in ein aktuelles Thema aus Ihrem Fachgebiet
- als Einstieg in ein für Sie noch unbekanntes Themenfeld
- als Einblick, um zum Thema mitreden zu können

Die Bücher in elektronischer und gedruckter Form bringen das Expertenwissen von Springer-Fachautoren kompakt zur Darstellung. Sie sind besonders für die Nutzung als eBook auf Tablet-PCs, eBook-Readern und Smartphones geeignet. *essentials:* Wissensbausteine aus den Wirtschafts-, Sozial- und Geisteswissenschaften, aus Technik und Naturwissenschaften sowie aus Medizin, Psychologie und Gesundheitsberufen. Von renommierten Autoren aller Springer-Verlagsmarken.

Weitere Bände in der Reihe http://www.springer.com/series/13088

Robin Klostermeier · Steffi Haag ·
Alexander Benlian

Geschäftsmodelle digitaler Zwillinge

HMD Best Paper Award 2018

Mit einem Geleitwort von Stefan Meinhardt

Robin Klostermeier
KARŌN Beratungsgesellschaft mbH
Rüsselsheim am Main, Deutschland

Steffi Haag
Friedrich-Alexander-Universität
Erlangen
Nürnberg, Deutschland

Alexander Benlian
TU Darmstadt
Darmstadt, Deutschland

Das essential ist die überarbeitete Version des Artikels: R. Klostermeier, S. Haag, A. Benlian: Digitale Zwillinge – Eine explorative Fallstudie zur Untersuchung von Geschäftsmodellen. HMD – Praxis der Wirtschaftsinformatik 320 (2018) 55: 297–311. https://doi.org/10.1365/s40702-018-0406-x

ISSN 2197-6708 ISSN 2197-6716 (electronic)
essentials
ISBN 978-3-658-28352-0 ISBN 978-3-658-28353-7 (eBook)
https://doi.org/10.1007/978-3-658-28353-7

Die Deutsche Nationalbibliothek verzeichnet diese Publikation in der Deutschen Nationalbibliografie; detaillierte bibliografische Daten sind im Internet über http://dnb.d-nb.de abrufbar.

Springer Vieweg

Springer Vieweg ist ein Imprint der eingetragenen Gesellschaft Springer Fachmedien Wiesbaden GmbH und ist ein Teil von Springer Nature.
Die Anschrift der Gesellschaft ist: Abraham-Lincoln-Str. 46, 65189 Wiesbaden, Germany

Was Sie in diesem *essential* finden können

In dem vorliegenden *essential* finden Sie eine explorative Fallstudie, in der digitale Zwillinge aus

- einer Geschäftsmodellperspektive untersucht,
- Unterschiede in der Begriffsdefinition aufgezeigt,
- Potenziale im Einsatz ermittelt
- und Implikationen für Forschung und Praxis identifiziert werden.

Geleitwort

Der prämierte Beitrag
Digitale Geschäftsmodelle und die damit verbundenen Änderungen stellen Unternehmen vor vielfältige Herausforderungen: Betroffen ist nicht nur die gesamte Wertschöpfungskette und die Interaktion mit dem Kunden, sondern oftmals auch die gesamte Organisation, ihre Prozesse und die zugrunde liegenden IT-Systeme. Eine ganzheitliche, zielführende Digitalstrategie zeigt nicht nur Chancen für neue digitale Erlösquellen auf, sondern verfolgt in erster Linie auch die digitale Transformation des bisherigen Geschäfts.

Investitionen in die Digitalisierung ohne ein grundlegendes Verständnis des digitalen Marktes und der passenden digitalen Geschäftsmodelle sind in der Regel nicht erfolgreich. Um unternehmerische Fehlentscheidungen zu verhindern, sollte ein klares strategisches Zielbild und ein digitales Transformationskonzept entwickelt werden, das die jeweiligen Chancen und Risiken adäquat bewertet.

Der prämierte Beitrag „Digitale Zwillinge – Eine explorative Fallstudie zur Untersuchung von Geschäftsmodellen" von Robin Klostermeier, Steffi Haag und Alexander Benlian stellt sehr anschaulich dar, dass „Digitale Zwillinge" – als intelligentes digitales Abbild eines realen Produktes oder Prozesses – eine sehr innovative Technologie ist, die der Industrie und Wirtschaft große Möglichkeiten eröffnet, neue digitale Geschäftsmodelle zu gestalten, aber die Unternehmen dabei auch vor große Herausforderungen stellt.

Die Autoren stellen die Ergebnisse ihrer explorativen Fallstudie vor, die in sechs Unternehmen unterschiedlicher Größe mit verschiedenem Kerngeschäft durchgeführt wurde. Die vergleichende Analyse basierend auf dem Business Model Canvas zeigt deutliche Unterschiede in der Interpretation der Begrifflichkeit des digitalen Zwillings und dessen Verwendung als Geschäftsmodell auf. Diese Unterschiede nehmen vor allem Einfluss auf das jeweilige Produktangebot der Unternehmen. Insgesamt verdeutlichen die Ergebnisse, dass der digitale Zwilling alle Komponenten von Geschäftsmodellen beeinflusst. Als größte Herausforderung für die Entwicklung digitaler Zwillinge erweisen sich fehlende monetäre Argumente und das Überwinden von Schnittstellenproblematiken. Gleichzeitig erwarten die Unternehmen große Potenziale im Business to Business Bereich (B2B) und mittelfristig auch im Business to Customer Bereich (B2C).

Die Aktualität des im Beitrag von Klostermeier, Haag und Benlian behandelten Themas „Digitale Zwillinge“, sowie sein Fokus auf die Gestaltungsmöglichkeiten für digitale Geschäftsmodelle und darauf, wie sich Unternehmen aus unterschiedlichen Geschäftsfeldern das Potenzial dieser innovativen Technologie erschließen können, waren die ausschlaggebenden Kriterien, die die HMD-Jury zur Prämierung des Beitrags für den HMD Best Paper Award 2018 bewogen haben.

Die HMD – Praxis der Wirtschaftsinformatik und der HMD Best Paper Award

Alle HMD-Beiträge basieren auf einem Transfer wissenschaftlicher Erkenntnisse in die Praxis der Wirtschaftsinformatik. Umfassendere Themenbereiche werden in HMD-Heften aus verschiedenen Blickwinkeln betrachtet, sodass in jedem Heft sowohl Wissenschaftler als auch Praktiker zu einem aktuellen Schwerpunktthema zu Wort kommen. Den verschiedenen Facetten eines Schwerpunktthemas geht ein Grundlagenbeitrag zum State of the Art des Themenbereichs voraus. Damit liefert die HMD IT-Fach- und Führungskräften Lösungsideen für ihre Probleme, zeigt ihnen Umsetzungsmöglichkeiten auf und informiert sie über Neues in der Wirtschaftsinformatik. Studierende und Lehrende der Wirtschaftsinformatik erfahren zudem, welche Themen in der Praxis ihres Faches Herausforderungen darstellen und aktuell diskutiert werden.

Wir wollen unseren Lesern und auch solchen, die HMD noch nicht kennen, mit dem „HMD Best Paper Award“ eine kleine Sammlung an Beiträgen an die Hand geben, die wir für besonders lesenswert halten, und den Autoren, denen wir diese Beiträge zu verdanken haben, damit zugleich unsere Anerkennung zeigen. Mit dem „HMD Best Paper Award“ werden alljährlich die drei besten Beiträge eines Jahrgangs der Zeitschrift „HMD – Praxis der Wirtschaftsinformatik“ gewürdigt. Die Auswahl der Beiträge erfolgt durch das HMD-Herausgebergremium und orientiert sich an folgenden Kriterien:

- Zielgruppenadressierung
- Handlungsorientierung und Nachhaltigkeit
- Originalität und Neuigkeitsgehalt

- Erkennbarer Beitrag zum Erkenntnisfortschritt
- Nachvollziehbarkeit und Überzeugungskraft
- Sprachliche Lesbarkeit und Lebendigkeit

Alle drei prämierten Beiträge haben sich in mehreren Kriterien von den anderen Beiträgen abgesetzt und verdienen daher besondere Aufmerksamkeit. Neben dem Beitrag von Klostermeier, Haag und Benlian wurden ausgezeichnet:

Stucki T, D'Onofrio S, Portmann E (2018) Chatbot – Der digitale Helfer im Unternehmen: Praxisbeispiele der Schweizerischen Post. HMD – Praxis der Wirtschaftsinformatik 322 55:725–747. https://doi.org/10.1365/s40702-018-0424-8

Bartsch F, Neidhardt N, Nüttgens M, Holland M, Kompf M (2018) Anwendungsszenarien für die Blockchain-Technologie in der Industrie 4.0. HMD – Praxis der Wirtschaftsinformatik 324 55:1274–1284. https://doi.org/10.1365/s40702-018-00456-8

Die HMD ist vor mehr als 50 Jahren erstmals erschienen: Im Oktober 1964 wurde das Grundwerk der ursprünglichen Loseblattsammlung unter dem Namen „Handbuch der maschinellen Datenverarbeitung" ausgeliefert. Seit 1998 lautet der Titel der Zeitschrift unter Beibehaltung des bekannten HMD-Logos „Praxis der Wirtschaftsinformatik", seit Januar 2014 erscheint sie bei Springer Vieweg. Verlag und HMD-Herausgeber haben sich zum Ziel gesetzt, die Qualität von HMD-Heften und -Beiträgen stetig weiter zu verbessern. Jeder Beitrag wird dazu nach Einreichung doppelt begutachtet: Vom zuständigen HMD- oder Gastherausgeber (Herausgebergutachten) und von mindestens einem weiteren Experten, der anonym begutachtet (Blindgutachten). Nach Überarbeitung durch die Beitragsautoren prüft der betreuende Herausgeber die Einhaltung der Gutachtervorgaben und entscheidet auf dieser Basis über Annahme oder Ablehnung.

Walldorf Stefan Meinhardt

Bibliografische Informationen

Klostermeier R, Haag S, Benlian A (2018) Digitale Zwillinge – Eine explorative Fallstudie zur Untersuchung von Geschäftsmodellen. HMD – Praxis der Wirtschaftsinformatik 320 55:297–311. https://doi.org/10.1365/s40702-018-0406-x

Inhaltsverzeichnis

1 Geschäftsmodelle Digitaler Zwillinge 1

2 Forschungshintergrund 3
2.1 Digitaler Zwilling: Definition und Anwendungsbereiche 3
2.2 Geschäftsmodelle 5

3 Forschungsmethode und Vorstellung der Fallunternehmen 7

4 Ergebnisse 11
4.1 Definition digitale Zwillinge 11
4.2 Digitaler Zwilling als Produkt 13
4.3 Digitaler Zwilling als Geschäftsmodell 15
4.4 Entwicklung und Potenziale digitaler Zwillinge 17

5 Implikationen für Forschung und Praxis 21

Literatur 27

1 Geschäftsmodelle Digitaler Zwillinge

Der digitale Zwilling oder englisch „digital twin“ lässt sich allgemein als das virtuelle Abbild eines real existierenden Gegenstands beschreiben. Erstmals aufgegriffen wurde der Begriff 2010 von Forschern der NASA (Shafto et al. 2010). Die zugrundeliegende Konzeption von „Zwillingen“ ist allerdings um einiges älter. Bereits während der Apollo-Mission wurde simultan zum eigentlichen Raumfahrzeug ein zweites, identisches Raumfahrzeug entwickelt. Dieser noch real existierende „Zwilling“ diente Astronauten vor der Mission zur Vorbereitung und Ingenieuren während der Mission, um auf Basis von Daten des aktiven Raumfahrzeugs notwendige Lösungen zu erarbeiten (Rosen et al. 2015). Zu ganz ähnlichen Zwecken wird heutzutage auch der digitale Zwilling verwendet, nur dass anstatt eines zweiten realen Gegenstandes ein digitales Modell des Originals erstellt wird. Die Einsatzmöglichkeiten sind dabei sehr vielfältig. Wissenschaftler versprechen sich von digitalen Zwillingen zum Beispiel die Optimierung von Wartungszyklen oder Einsatzrouten oder schlicht einen verbesserten Produkteinsatz. Was 2011 noch mit *„Is this Science Fiction?“* (Tuegel et al. 2011) hinterfragt wurde, ist 2017 bereits Realität. Nach Einschätzungen des Think Tanks Gartner zählt der digitale Zwilling nun zu den „Top Trends 2017“ (Panetta 2016).

Auch eine Vielzahl wissenschaftlicher Arbeiten hebt das große Potenzial der innovativen technologischen Entwicklung des digitalen Zwillings hervor (Rosen et al. 2015). Die perspektivische Ausrichtung liegt dabei vor allem auf technischen Fragestellungen: Wie lässt sich ein System mit digitalem Zwilling aufbauen? Welche Systemvoraussetzungen sind notwendig? Wie lässt sich ein Zusammenspiel aus digitalem und realem Produkt technisch realisieren und welche Daten werden dabei ausgetauscht?

Wie sich der digitale Zwilling jedoch in die bisherigen Geschäftsmodelle von Unternehmen integrieren lässt bzw. als Grundlage neuer Geschäftsmodelle dient,

R. Klostermeier et al., *Geschäftsmodelle digitaler Zwillinge,* essentials,
https://doi.org/10.1007/978-3-658-28353-7_1

um von diesem großen technologischen Potenzial auch wirtschaftlich zu profitieren, wurde noch nicht untersucht. In der bisherigen Literatur gibt es zudem weder eine einheitliche Definition der Begrifflichkeit des digitalen Zwillings, noch werden mögliche Anwendungsbereiche aufgezeigt. Die folgende Studie hat deshalb das Ziel, die ökonomischen Aspekte des digitalen Zwillings in den Mittelpunkt zu rücken und digitale Zwillinge hinsichtlich möglicher Geschäftsmodelle zu untersuchen. Hierzu wird zunächst eine umfassende Definition des digitalen Zwillings erarbeitet und die wesentlichen wirtschaftlichen Anwendungsbereiche aufgezeigt. Mittels einer explorativen Fallstudie wird anschließend der digitale Zwilling hinsichtlich möglicher Geschäftsmodelle und seiner Aus- bzw. Wechselwirkungen auf die jeweiligen Elemente der Geschäftsmodelle untersucht.

Das folgende Kapitel entwickelt auf Basis grundlegender Forschungsergebnisse in den Bereichen digitaler Zwillinge und Geschäftsmodelle das explorative Rahmenwerk der Fallstudie. Im Anschluss daran werden in Kapitel drei die im Rahmen der Fallstudie untersuchten sechs Unternehmen vorgestellt. Kapitel vier präsentiert die Ergebnisse der Arbeit, ehe abschließend die Implikationen für Wissenschaft und Praxis diskutiert werden.

Forschungshintergrund 2

2.1 Digitaler Zwilling: Definition und Anwendungsbereiche

Eine erste Definition des digitalen Zwillings findet sich in einer Veröffentlichung der Technology Area 11 der NASA aus dem Jahr 2010 (Shafto et al. 2010). Dabei ist die Definition der NASA mit einer spezifischen Einsatzvorstellung verbunden, was es notwendig macht, im Rahmen einer gesamtheitlichen Betrachtung eine abstrahierte Beschreibung zu finden. Laut Fraunhofer Institut für Produktionsanlagen und Konstruktionstechnik (IPK), besteht der digitale Zwilling aus *„einer intelligenten Verbindung einer einzigartigen Instanz eines universalen digitalen Vorlagemodells und des individuellen digitalen Schattens“* (Stark 2017). Intelligente Verbindungen beschreiben in diesem Kontext Algorithmen, Simulationen oder dergleichen. Der digitale Schatten bezeichnet die erzeugten Zustands- oder Prozessdaten, also den digitalen Fingerabdruck eines Produktes. GE Digital greifen beispielsweise die historische Herkunft des Begriffes auf, ordnen aber die aktuellen Entwicklungen eindeutig dem Bereich Internet of Things (IoT) zu (Volkmann 2016).

Je nach Fokus liegt somit eine unterschiedliche Definition vor, was eine einheitliche generelle Beschreibung für den Begriff „digitaler Zwilling“ erschwert. Dennoch lassen sich die wesentlichen Komponenten im Verständnis identifizieren, welche den meisten gängigen Definitionen genügen. Der digitale Zwilling definiert demnach mindestens *das individuelle, virtuelle Abbild eines physischen Objektes oder Prozesses, welches die vom physischen Objekt bereitgestellten Daten intelligent für verschiede Anwendungsfälle nutzbar macht.*

Auch die wissenschaftliche Einordung der Anwendungsbereiche digitaler Zwillinge unterliegt einem fortlaufenden Wandel. So konkretisieren Wissenschaftler

R. Klostermeier et al., *Geschäftsmodelle digitaler Zwillinge*, essentials,
https://doi.org/10.1007/978-3-658-28353-7_2

der U.S. Air Force 2011 folgende erste Anwendungsfälle auf Basis der NASA-Definition (Tuegel et al. 2011):

1. Simulierte Flüge eines entwickelten und noch nicht produzierten Fluggeräts. Die Ergebnisse lassen sich für Designentscheidungen verwenden, um Wartung zu verbessern und Schadenswahrscheinlichkeiten zu reduzieren.
2. Die Nutzung des digitalen Zwillings in Koexistenz zum realen Fluggerät. Über eine Reihe von Sensoren gibt das reale Fluggerät dabei Daten an den digitalen Zwilling weiter. Diese Daten lassen sich nutzen, um Wartungsintervalle anzupassen oder besonders belastete Bauteile zu identifizieren, welche auf den spezifischen Einsätzen des Fluggeräts basieren.

Betrachtet man diese beiden genannten Punkte abstrahiert, lassen sich daraus zwei wesentliche Einsatzmöglichkeiten digitaler Zwillinge ableiten, auf denen auch die meisten aktuellen Konzepte basieren: Digitale Zwillinge unterstützen zum einen die Entwicklung und zum anderen die Nutzung eines Produktes durch Simulation.

Darauf baut ein weiterer Anwendungsfall auf, der den digital Zwilling als wesentliche Weiterentwicklung im Bereich der Simulationstechnologie sieht (Rosen et al. 2015).

Neben der Entwicklung und Nutzung im Betrieb von Produkten und Systemen sowie der ganz konkreten Simulationsanwendung in der Entwicklung sehen aktuelle Studien einen weiteren dritten Anwendungsbereich des digitalen Zwillings durch einen umfassenden Einsatz innerhalb des Product Lifecycle Managements (PLM). Der Produktlebenszyklus beinhaltet wiederum auch die virtuelle Repräsentation von Prozessen. Demnach lassen sich digitale Zwillinge vor allem in den Bereichen Produktdesign und -entwicklung, Produktion sowie Service einsetzen (Boschert und Rosen 2016). Tao et al. (2017) erarbeiten in diesem Zusammenhang umfassende Konzeptionen, wie sich digitale Zwillinge in diesen verschiedenen Bereichen verwenden lassen.

Abb. 2.1 fasst die fortschreitende Entwicklung möglicher Anwendungsbereiche digitaler Zwillinge, die die bisherige Literatur diskutiert, grafisch zusammen. Es zeigt sich, dass der digitale Zwilling eine zunehmende Zahl an Anwendungsmöglichkeiten aufweist. Dabei umfasst letztlich der Einsatz entlang des gesamten Produktlebenszyklus auch die vorgestellten Anwendungsbereiche im Einsatz in der Luft- und Raumfahrtechnik sowie in der Simulationstechnologie. Da es sich allerdings noch um eine sehr neue Technologie handelt, sind langfristig auch völlig neue Konzepte denkbar.

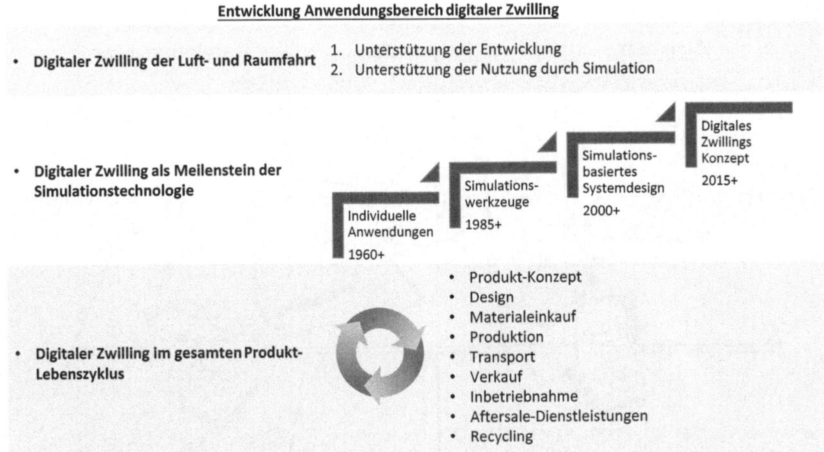

Abb. 2.1 Entwicklung der Anwendungsbereiche des digitalen Zwillings

2.2 Geschäftsmodelle

Die Literatur zum Themenkomplex Geschäftsmodell ist zu großen Teilen recht jung, liefert allerdings bereits eine Vielzahl an unterschiedlichen Definitionen und Konzepten. Eine ausführliche Arbeit zur Begriffsherkunft und Konzeptgegenüberstellung liefern Wirtz et al. (2016). Veit et al. (2014) erarbeiten darüber hinaus eine ausführliche Übersicht zum Forschungsstand und entwickeln aufbauend hierauf eine umfassende Forschungsagenda für den Bereich Wirtschaftsinformatik. Für eine detaillierte Untersuchung von Geschäftsmodellkonzepten und weiterführender Literatur sei deshalb auf die entsprechenden Arbeiten verwiesen.

Diese Arbeit basiert auf dem kumulierten Geschäftsmodell-Verständnis von Wirtz et al. (2016), also dem Geschäftsmodell als Repräsentation wesentlicher Aktivitäten zur Erzeugung von Produkten, Wissen oder Dienstleistungen. Vor allen Dingen der kontinuierlichen Weiterentwicklung aller Komponenten und dem Geschäftsmodell als solches, der so genannten Business Model Innovation (BMI), kommt eine substanzielle Bedeutung zu (Wirtz et al. 2016). Eines der bekanntesten und umfassendsten Systeme, welches versucht alle wesentlichen Elemente eines erfolgreichen Geschäftsmodells zu visualisieren und in ein skalierbares System zu bringen, ist das Business Canvas Modell von Osterwalder und Pigneur (2010). Die wesentlichen Komponenten, bzw. Building Blocks sind

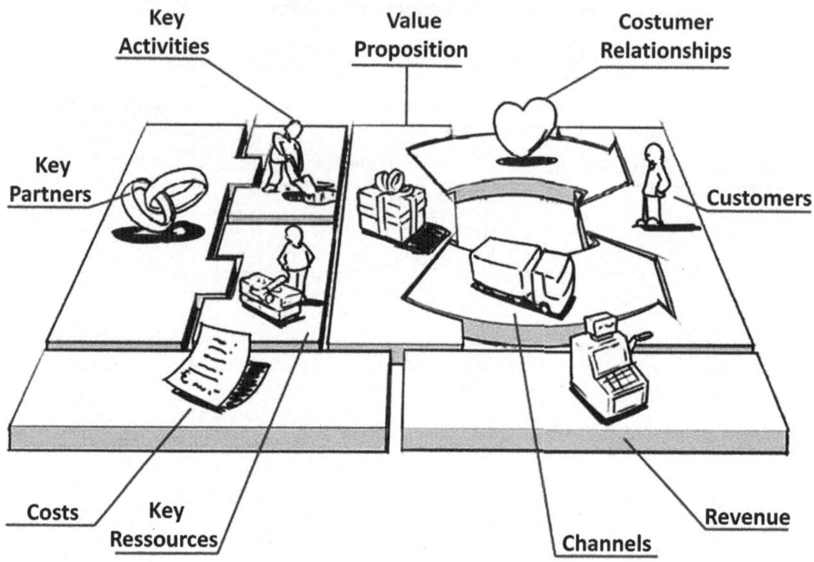

Abb. 2.2 System der Building Blocks im Business Canvas-Modell. (Zeichnung basierend auf Osterwalder und Pigneur 2010, direkte Quelle der Zeichnung Sammer 2015)

in Abb. 2.2 dargestellt. Wesentlicher Baustein dieses Konzeptes ist die Werterzeugung (value proposition), also die Erzeugung eines Nutzens durch das Produkt oder die Dienstleistung. Dabei ist entscheidend über welche Kanäle der Wert dem Kunden (customers) zu Verfügung gestellt wird. Ein gutes Kundenverhältnis (customer relationships) sichert dabei langfristige Einkommensströme (revenue) ab. Dem Einkommensstrom stehen die Kosten (costs) gegenüber, die für die Schlüsselaktivitäten (key activities), -ressourcen (key resources) und -partnerschaften (key partners) aufgebracht werden müssen.

3 Forschungsmethode und Vorstellung der Fallunternehmen

Um digitale Zwillinge vor dem Hintergrund möglicher Geschäftsmodelle zu analysieren, wurde eine explorative Fallstudie durchgeführt. Qualitative Forschungsmethoden bieten sich besonders zur Erforschung neuer oder komplexer Forschungsfelder an, um ein besseres Lagebild zu erarbeiten und zu abstrahieren (Stickel-Wolf und Wolf 2009).

Das primäre Ziel der Studie war es, verschiedene Fallstudien und damit die verschiedenen Konzepte und Geschäftsmodelle digitaler Zwillinge miteinander zu vergleichen. Wissenschaftlichen Empfehlungen folgend (Eisenhardt 1989) wurden deshalb sechs Fallunternehmen ausgewählt, die jeweils verschiedene Ansätze in Bezug auf Geschäftsmodelle rund um den digitalen Zwilling verfolgen.

Aufgrund ihres explorativen Charakters wurden zur Datenerhebung im Wesentlichen Experteninterviews durchgeführt. Hierfür erarbeiteten die Autoren vorab einen Interviewleitfaden, der sich hauptsächlich an den Building Blocks des oben vorgestellten Business Canvas-Modell orientiert. Dadurch sollte eine möglichst gesamtheitliche Betrachtung der Geschäftsmodellbestandteile im Interview erreicht werden. Ergänzt wurden die Interviewdaten mit Inhaltsanalysen öffentlich zur Verfügung stehender Dokumente der Unternehmen.

Für die Datenanalyse wurden die Inhalte der Experteninterviews auf Muster untersucht. Diese inhaltlich zusammenhängenden Muster wurden zu vier Blöcken zusammengefasst, welche in einem nächsten Schritt auf argumentative Ähnlichkeiten und Unterschiede hin analysiert wurden.

Neue Technologien stellen etablierte Unternehmen vor Herausforderungen und ziehen für gewöhnlich neue Unternehmen an. Dementsprechend wurde ein Querschnitt von sechs Fallunternehmen ausgewählt. Dieser beinhaltet etablierte und junge Unternehmen unterschiedlicher Größen aus der IT als

R. Klostermeier et al., *Geschäftsmodelle digitaler Zwillinge*, essentials,
https://doi.org/10.1007/978-3-658-28353-7_3

auch dem produzierenden Gewerbe. Vor dem Hintergrund einer gesamtheitlichen Betrachtung der Geschäftsmodelle wurden neben Unternehmen, die Dienstleistungen und Produkte im Bereich digitaler Zwilling anbieten, auch anwendende und beratende Unternehmen berücksichtigt.

Fall 1 – Der Technologiekonzern

Fallunternehmen 1 ist ein großes deutsches Technologieunternehmen mit einer über hundertjährigen Firmenhistorie. Als internationale Aktiengesellschaft stellt es den Fall eines etablierten Unternehmens aus der fertigenden Industrie dar. Die Hauptgeschäftsfelder liegen traditionell in der Elektrotechnik und Elektronik. Vor allen Dingen die fortlaufende Entwicklung und Neuorientierung des Unternehmens im Zuge der Digitalisierung und das Engagement im Bereich PLM qualifizieren das Unternehmen zu dieser Studie. Für das Experteninterview konnte ein Vertreter aus dem Marketingbereich der Digital Enterprise-Sparte des Konzerns gewonnen werden, welcher seit fünf Jahren in dem entsprechenden Aufgabenbereich tätig ist. Ergänzt wird die Fallstudie um Informationen aus einer Veröffentlichung des Vorstandsvorsitzenden.

Fall 2 – Der Softwarekonzern

Fallunternehmen 2 ist eine deutsche Aktiengesellschaft, die eines der umsatzstärksten Softwareunternehmen in Europa darstellt. Dabei reicht die Unternehmensgeschichte bis in die 70er Jahre zurück und ist folglich in der schnelllebigen Softwareindustrie eine konstante Größe. Der Konzern konzentriert sich vor allen Dingen auf Industrie- und Unternehmenslösungen. Die aktuelle Ausrichtung hin zu Cloud-basierten Lösungen, die Verarbeitung von Big Data und den Anwendungen im IoT-Kontext führten zu der Initiierung einer neuen Abteilung als Dienstleister der digitalen Transformation. Gerade dieses Engagement qualifiziert den Konzern als relevanten Teilnehmer dieser Fallstudie. Für das Experteninterview konnte ein Technical Product Owner dieser neuen Abteilung gewonnen werden, der seit einem dreiviertel Jahr die entsprechende Stelle im Unternehmen begleitet. Ergänzt werden diese Informationen um die Veröffentlichung des Interviews eines Solution Architects des Unternehmens.

Fall 3 – Das Simulationsunternehmen

Fallunternehmen 3 bietet seit der Firmengründung in der 80er Jahren Serviceleistungen für Simulationsaufgaben an und vertreibt Produkte eines börsennotierten Simulationssoftwareherstellers aus Pennsylvania. Als Gesellschaft mit beschränkter Haftung, von mehr als 200 Mitarbeitern und einem Umsatz im mittleren zweistelligen Millionen-Bereich, zählt das Unternehmen zum Mittelstand.

Vor allem die in Abschn. 2.1 erörterte Relevanz des digitalen Zwillings für die Entwicklung der Simulationstechnologie prädestiniert das Unternehmen für die Fallstudienanalyse. Für das Experteninterview konnte ein Business Development Manager des Unternehmens gewonnen werden, welcher 1,5 Jahre Erfahrung im Bereich digitaler Zwillinge mit sich bringt. Zusätzlich liegt ein White Paper bezüglich digitaler Zwillinge des Unternehmens vor.

Fall 4 – Das Start Up

Fallunternehmen 4 stellt als Startup einen Kontrast zu den schon langjährig etablierten Firmen dar. Mit seinen neun Mitarbeitern ist es auch das kleinste Unternehmen. Gegründet wurde es 2014 als Kooperation einer renommierten deutschen Universität und einem großen deutschen Automobilhersteller. Dabei bietet das Unternehmen Lösungen im Bereich Prozesssimulation an und verwendet zu diesem Zweck digitale Zwillinge. Die notwendigen Informationen für diese Fallstudie stammen aus einem Interview mit dem CEO des Unternehmens.

Fall 5 – Der Automobilkonzern

Im Gegensatz zu Fallunternehmen 1–4 ist Fallunternehmen 5 Anwender digitaler Zwillinge. Als großer Automobilkonzern fasst der Konzern mehr als zehn Marken aus dem Automobilsektor zusammen, welche sich momentan nicht nur mit den Herausforderungen der Elektrifizierung, sondern auch der Digitalisierung konfrontiert sehen. Weil davon alle Geschäftsbereiche des Unternehmens betroffen sind, entwickelt sich das Geschäftsmodell des Unternehmens stetig weiter. Insbesondere ist hier die Entwicklung von einem reinen Automobilhersteller hin zu einem Mobilitätsdienstleister mit innovativen Serviceangeboten angestrebt. Für die Fallstudie konnte ein Datenmanager des Konzerns gewonnen werden, der mit 10-jähriger Berufserfahrung auch zum Thema PLM an technischen Universitäten doziert.

Fall 6 – Das Beratungsunternehmen

Fallunternehmen 6 ist eine Beratungsgesellschaft mit 30 Mitarbeitenden, die unter anderem im Bereich PLM tätig sind. Die Beratungsdienstleistungen umfassen u. a. die systemische Unterstützung für Produkte der Fallunternehmen 1 und 2. Neben der Automobilindustrie liegt der geschäftliche Fokus des Unternehmens auf dem europäischen Mittelstand. Für das Interview stand einer der Geschäftsführer des Unternehmens zur Verfügung.

Ergebnisse 4

4.1 Definition digitale Zwillinge

Die Literatur zu digitalen Zwillingen hat bereits gezeigt, dass bezüglich der Definition und der individuellen Interpretation der Begrifflichkeit deutliche Unterschiede bestehen. Dieser Eindruck ließ sich auch in den Experteninterviews der verschiedenen Unternehmen bestätigen. Wichtig für die Vergleichbarkeit der Ergebnisse ist allerdings ein Grundkonsens. Die in Kap. 2 vorgestellte Mindestdefinition digitaler Zwillinge deckt sich mit den Ergebnissen dieser Fallstudie. Die Auswertung der Experteninterviews zeigt zudem, dass ein Zusammenhang zwischen strategischer Ausrichtung bzw. dem Kerngeschäft eines Unternehmens und der Schwerpunktlegung bei der Definition des digitalen Zwillings besteht. Abb. 4.1 unterstützt diesen Zusammenhang grafisch. Sie zeigt modellhaft eine Wertschöpfungskette und einen Datenrückfluss über eine Cloud.

Der gestrichelte Rahmen umfasst die gesamte Wertschöpfungskette des digitalen Zwillings. Hierunter fällt erstens das Verständnis des Technologieunternehmens. Als großer Hersteller für Lösungen im Bereich PLM sieht dieses Unternehmen den digitalen Zwilling als Lösung entlang der gesamten Wertschöpfungskette. Dieses breite Verständnis deckt sich damit, dass das Unternehmen Produkte und Dienstleistungen zu allen Abschnitten der Wertschöpfungskette vertreibt.

Zweitens versteht sich auch der Automobilkonzern als Adressat des gesamten Produktlebenszyklus, weshalb auch die Anwendersicht durch den gestrichelten Rahmen dargestellt ist. Innerhalb des Konzerns lassen sich demnach Anwendungsfälle von der Produktentwicklung innerhalb des Produkt Designs über die Produktion bis hin zur servicegestützten Nutzung und dem anschließenden Recycling finden. Obwohl das Produkt dabei im Mittelpunkt steht, umfasst

R. Klostermeier et al., *Geschäftsmodelle digitaler Zwillinge*, essentials,
https://doi.org/10.1007/978-3-658-28353-7_4

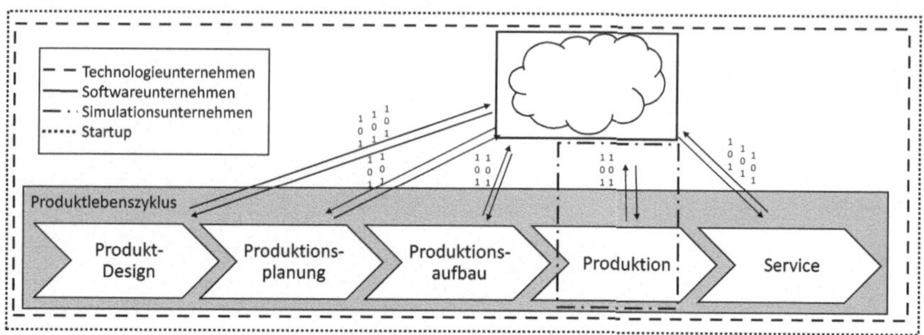

Abb. 4.1 Schwerpunkt der Definitionen digitaler Zwillinge

die Anwendung, aber auch alle angrenzenden Bereiche. So sind beim Durchlaufen einzelner Lebenszyklen des Produktes auch digitale Zwillinge von den Prozessen, den Produktionsbedingung oder auch menschlichen Verhaltensweisen in der Interaktion mit dem Produkt denkbar.

Der gestrichelte Rahmen beschreibt drittens und letztens ebenfalls das Verständnis des Beratungsunternehmens, das als Dienstleister im Bereich PLM eine sinngemäß ähnliche Fokussierung der Definition findet. Das virtuelle Abbild des Produktes im gesamten Produktlebenszyklus ist auch hier von zentraler Bedeutung. Die begriffliche Abgrenzung zu einem einfachen digitalen Modell schafft dabei die Möglichkeit zur wertbringenden Interaktion mit dem digitalen Zwilling.

Das Kerngeschäft eines Softwareunternehmens ist hingegen die Gewinnung, Speicherung und Verarbeitung von Daten. Folglich orientiert sich hier das Kernverständnis digitaler Zwillinge an der unternehmerischen Ausrichtung. Der durchgezogene Rahmen in Abb. 4.1 verdeutlicht die Konzentration auf die Datenbereitstellung und Auswertung als Wesen des digitalen Zwillings in Clouds.

Das Simulationsunternehmen ist als Mittelständler auf viel differenziertere Geschäftsfelder fokussiert. Auch hier findet sich das Verständnis, was einen digitalen Zwilling ausmacht, in der Spiegelung des Kerngeschäfts wieder. Der Strich-Punkt-Rahmen beschreibt dabei, dass das Simulationsunternehmen erst von einem digitalen Zwilling spricht, wenn das reale Produkt oder der Prozess parallel dazu bestehen. Rein digitale Modelle, wie sie beispielsweise in der Planungsphase verwendet werden, sind hier ausgeschlossen.

Der gepunktete Rahmen verdeutlicht des Weiteren die Argumentation des Startups, dass der digitale Zwilling als Sammelbegriff zu verstehen ist und auch andere Vorstellungen hierunter fallen könnten. Entsprechend der bisherigen

Argumentation lässt sich also auch hier ein Zusammenhang aus flexiblem Kerngeschäft und flexibler Definition feststellen, welche sich momentan vor allen Dingen an den Vorstellungen der jeweiligen Kunden orientiert.

4.2 Digitaler Zwilling als Produkt

Die Interviews haben gezeigt, dass nicht nur die Definitionen, sondern auch die Produkte, die im Zusammenhang mit dem digitalen Zwilling vertrieben, entwickelt oder geplant werden, recht vielseitig sind. Konzeptionell lassen sich Produkte, die infrastrukturelle Voraussetzungen schaffen, wie beispielsweise IoT-Betriebssysteme oder PLM-Software, von den eigentlichen digitalen Zwillingsprodukten abgrenzen. Abb. 4.2 verdeutlicht, welche verschiedenen Arten an Produktkategorien in den Fallstudien identifiziert werden konnten.

Im Bereich infrastruktureller Voraussetzungen sind die großen DAX-Unternehmen tätig. Auffällig an dieser Stelle ist auch die Umorientierung des vormals vor allem im fertigenden Bereich tätigen Technologieunternehmens. Die verstärkte Ausrichtung, insbesondere zur Auswertung und effizienten Nutzung von großen Datenmengen durch ein IoT-Betriebssystem, weist auf eine vermehrte Digitalisierung des Geschäftsmodells hin, welches eng mit der Nutzung digitaler Zwillinge verknüpft ist. Zu diesem Zwecke bedient sich das Unternehmen auch einer strategischen Kooperation mit dem Softwareunternehmen.

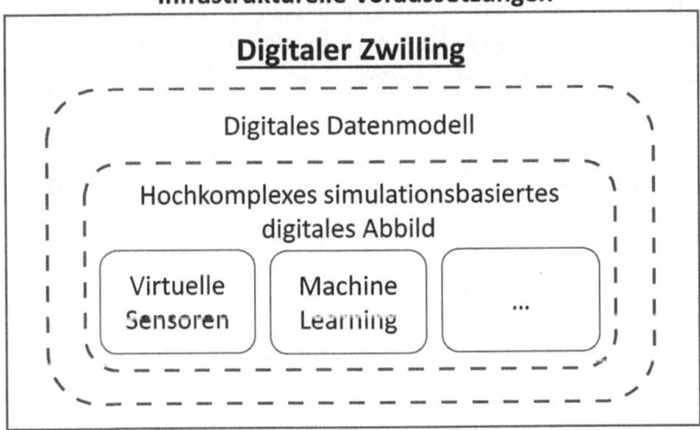

Abb. 4.2 Produktkategorien digitaler Zwilling basierend auf den Fallstudienergebnissen

Hinsichtlich des digitalen Zwillings als Produkt lassen sich zwei Abstufungen feststellen, vgl. hierzu Abb. 4.2. Übergeordnet ist hier die intelligente Nutzung von digitalen Datenmodellen anzuführen. Hierunter fallen, vor allem dem Verständnis des Softwareunternehmens folgend, relativ einfache Modelle, die allerdings auf Produktdaten basieren, die in Cloud-Anwendungen erhoben und verwendet werden. Auf einer differenzierteren Ebene lassen sich die hochkomplexen simulationsbasierten Modelle anführen, die der Definition des Simulationsunternehmens entsprechen. Kern dieser Modelle ist beispielsweise der Einsatz von virtuellen Sensoren oder Machine Learning-Ansätzen (für erläuternde Ausführungen zu virtuellen Sensoren siehe Toolbox 1). Der Übergang zwischen den Ebenen ist fließend und lässt sich nicht exakt definieren. Die Abstufung soll dabei allerdings zeigen, dass das Produktangebot im Bereich digitaler Zwilling vom jeweiligen Verständnis des Unternehmens abhängt, welches direkt mit dessen Kerngeschäft verknüpft ist. Bestätigung findet diese Beobachtung auch im Anwenderbereich digitaler Zwillinge. So nutzt der Automobilkonzern heute je nach Anwendungsgebiet unterschiedlich komplexe Modelle, von einfachen Datenmodellen im digitalen Prototypenbau bis hin zur Simulation virtueller Fabriken. Die genutzten Produkte sind dabei sehr anwendungsorientiert und entsprechend fragmentiert.

Toolbox 1: Virtuelle Sensoren

Virtuelle Sensoren erlauben, Daten am digitalen Zwilling zu erfassen, welche am realen Modell nicht, oder nur kostenintensiv messbar sind. Ermöglicht wird dies durch die modellhafte Abbildung des digitalen Zwillings und seiner Umgebung. Das Modell wird via Sensoren mit notwendigen Informationen aus der realen Umwelt versorgt. Ein Beispiel ist der digitale Zwilling einer Pumpe parallel zum realen Produkt. Bei gegebenen Informationen wie Flüssigkeitsdichte und Geschwindigkeit lassen sich die Reaktionen innerhalb der Pumpe simulieren. Dabei lassen sich der Systemzustand und das Verhalten innerhalb der Pumpe an einer Position messen, darstellen und analysieren, an der der Einsatz realer Sensorik unmöglich wäre. Der digitale Zwilling erlaubt in diesem Fall eine deutlich bessere Kontrolle des Pumpverhaltens der realen Pumpe.

4.3 Digitaler Zwilling als Geschäftsmodell

An dieser Stelle verdeutlichen die Aussagen der Experten vor allen Dingen, dass ein digitaler Zwilling alleine keinen Mehrwert beim Kunden schafft. Erst durch die entsprechende Nutzung, durch Datenanalyse und Simulation, ist es möglich, einen Nutzen beim Kunden zu erzeugen. Der Wert stellt sich dabei meist als Optimierung bestehender Produkte, Prozesse, des Marketings oder Services dar. Darüber hinaus wird auch ein verbessertes Systemverständnis angeführt. Vor allen Dingen das Softwareunternehmen betont an dieser Stelle, dass der Nutzen beim Kunden stark vom jeweiligen Produkt abhängt und nur schwer zu verallgemeinern ist. Laut Simulationsunternehmen stellt dies eine Herausforderung dar, da es aus dessen Sicht schwierig sei, dem Kunden den Nutzen in Form von monetären Argumenten zu vermitteln. Hier fehlen bis dato jedoch die Erfahrungswerte. Eine Möglichkeit für eine konkrete monetäre Erfassung des Nutzens liefert der Automobilkonzern. Man verspricht sich unter anderem eine immer effizientere und schnellere Produktentwicklung, die immer weniger auf reale Prototypen angewiesen ist. Damit einhergehende Kosten- und Zeiteinsparungen für Werkzeug und Tests ließen sich hier exakt quantifizieren und entsprechend bepreisen.

Zum Thema Kosten digitaler Zwillinge geben die Experten unterschiedliche, sich allerdings nicht ausschließende, Einschätzungen ab. Dabei vertritt das Softwareunternehmen die Meinung, dass langfristig der digitale Zwilling nur in Verbindung mit dem realen Produkt zu bewerten sei, da er für sich allein keinen Gegenwert besitzt. In diesem Zusammenhang ist auch die Argumentation des Simulationsunternehmens schlüssig, dass der produktabhängige Detaillierungsgrad des digitalen Modells einen wesentlichen Einfluss auf den Aufwand und damit die Kosten hat. Dabei verfolgt das Startup den Ansatz, in diesem Bereich voraussichtlich anfallende Kosten aufbauend auf neuen Projekterfahrungen zu bestimmen. Als Anwender vertritt der Automobilkonzern eine teilweise abweichende Meinung. So seien zukünftig weder die Hardware noch die Entwicklung digitaler Zwillinge die entscheidenden Kostentreiber, sondern vielmehr die damit verbundene Personalentwicklung der Mitarbeitenden beim Kunden. Konkret müsse der Einzelne befähigt werden, den digitalen Zwilling auch möglichst intelligent zu nutzen und entsprechend bedarfsgerecht entwickeln zu lassen. An dieser Stelle lässt sich eine Divergenz zwischen den Möglichkeiten der bisher auf dem Markt verfügbaren Produkte und der Hebung ihrer Potenziale durch geeignetes Fachpersonal ausmachen. Teil des Geschäftsmodells des beratenden Unternehmens ist es unter anderem dieses Gefälle durch Fachkompetenz auszugleichen.

Die momentan noch vorherrschende Unsicherheit bezüglich geeigneter Geschäftsmodelle für digitale Zwillinge lässt sich ferner durch die Ausrichtung des Beratungsunternehmens bestätigen. So sei die produktbezogene Entwicklung von Geschäftsmodellen langfristig auch Kerndienstleistung in der Beratung. Dabei eröffne der Wandel im Produktbegriff von der Herstellung von Gütern hin zum produktbezogenen Service den Unternehmen ganz neue Möglichkeiten.

„Equipment as a Service" und „Predictive Maintance" sind zum Beispiel zwei konkrete produktbezogene Möglichkeiten für Geschäftsmodelle, die sehr stark durch den Einsatz digitaler Zwillinge begünstigt werden. So könne zukünftig, laut Experte des Technologieunternehmens, *„ein Hersteller von Schweißrobotern nicht mehr den Roboter, sondern die Schweißnaht als Service anbieten"* und mit diesem „Equipment as a Service" einen sowohl effizienteren als auch effektiveren Einsatz des Roboters erreichen. Auch die zustandsorientierte Wartung dient im Vergleich zur reaktiven oder vorbeugenden Wartung letztendlich einer Optimierung des Einsatzes und damit der Reduzierung der Kosten.

Vor dem Hintergrund des Business Model Canvas zeigt die vergleichende Fallstudie in allen Bereichen der Building Blocks Einflüsse digitaler Zwillinge, die Anpassungen bestehender Geschäftsmodelle bis hin zur Entwicklung neuer Geschäftsmodelle notwendig macht. Abb. 4.3 listet die wesentlichen Einflüsse digitaler Zwillinge auf die Building Blocks auf. So stellt die Prozessoptimierung den am häufigsten genannten Mehrwert (Value Proposition) für den Kunden

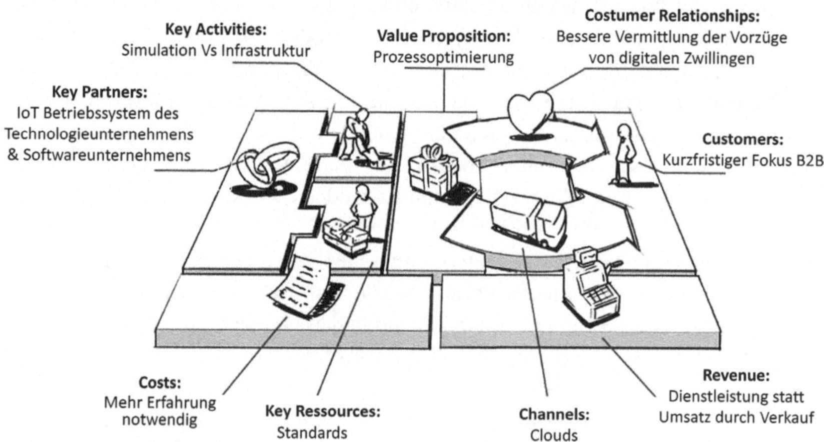

Abb. 4.3 Der Einfluss digitaler Zwillinge auf die Building Blocks des Business Model Canvas

dar, den Provider wie Anwender selbst betonen (s. oben). Dieser Mehrwert wird zumindest auf nahe Sicht den Business-Kunden (Customers) vorbehalten sein und meist über Cloud-Dienste (Channels) zur Verfügung stehen. Hierbei ist es jedoch wichtig, diesen Kundennutzen zu vermitteln, um langfristig Kundenbeziehungen (Costumer Relationships) aufzubauen. Der dabei erzielte Erlös (Revenue) könnte sich vermehrt vom Verkauf des Produkts zu dessen Dienstleistung hin verschieben. Als Hauptaktivitäten (Key Activities) stehen die Simulation und die Entwicklung infrastruktureller Voraussetzungen im Mittelpunkt. Dabei gilt es Standards zu schaffen (Key Ressources) und Erfahrung zur Kostenkalkulation zu sammeln (Costs). Sinnvoll sind in diesem Zusammenhang Kooperationen, wie das Beispiel des Technologie- und Softwareunternehmens zeigt (Partners). Partnerschaften sind zudem auch im Kompetenzaufbau erforderlich, um den Wertbeitrag durch den Einsatz digitaler Zwillinge auszuschöpfen. Hier können Spezialisten aus Unternehmensberatungen sowohl Anwender als auch Provider unterstützen.

4.4 Entwicklung und Potenziale digitaler Zwillinge

Die Zukunft digitaler Zwillinge bleibt offen. Jedoch stimmen alle Experten im großen Potenzial der Technologie überein. Der Vertreter des Simulationsunternehmens spricht in diesem Zusammenhang davon, dass ein womöglich nicht profitables Engagement heute auch eine Investition in die Zukunft darstellt. Wie das Beispiel digitaler Bildsensoren zeigt, haben bereits Technologien, die in der Vergangenheit der Raumfahrt vorbehalten waren, ihren Weg zum privaten Endverbraucher gefunden. Solche Sensoren, die in jedem Smartphone und jeder Kamera verbaut sind, oder auch Solarzellen, stellen nur zwei Beispiele dar. Momentan findet sich die Technologie digitaler Zwillinge vor allen Dingen im B2B-Bereich, was laut Expertenaussagen zu einem großen Teil auch an den entsprechenden Investitionssummen liegt. Gerade das Bestreben der Businesskunden, Produkte möglichst effizient einzusetzen oder gegebenenfalls auch an neue Anforderungen in der Nutzung anzupassen, bieten dem Einsatz digitaler Zwillinge heute noch mehr Möglichkeiten. Einer flächendeckenden Etablierung der Technologie steht aktuell jedoch noch eine Reihe an Hindernissen gegenüber. In der Fallstudie konnten unter anderem Schnittstellenschwierigkeiten, fehlende Geschäftsmodelle sowie das Fehlen adäquater Sensorik und Netzwerkschnittstellen bei vielen Produkten identifiziert werden. Zwar arbeiten vor allem die großen Unternehmen im Bereich PLM an integrativen Gesamtkonzepten und Cloud-Lösungen zur Datenbereitstellung und Aufbereitung. Allerdings ergeben sich hier häufig Schnittstellenproblematiken zu anderen großen Anbietern. Laut Softwareunternehmen entstehe ein echter digitaler Zwilling allerdings erst, wenn die notwendigen Daten für Hersteller und Betreiber gleichermaßen einsehbar und analysierbar sind. Das Beratungsunternehmen ergänzt, dass die produktbezogenen Daten den Nutzern über den gesamten Lebenszyklus von der Entwicklung bis zum Recycling zu Verfügung stehen müssten, um das volle Potenzial der Technologie zu heben. Kleine und mittelständische Unternehmen arbeiten hier noch mit einer Vielzahl an Systemen und sind gezwungen, Schnittstellenprobleme projektspezifisch zu lösen. Eine weitere große Herausforderung sieht der Automobilkonzern außerdem in der Weiterentwicklung der Belegschaft. Die Kompetenzen der Mitarbeiter müssten von der einfachen Datenpflege hin zur intelligenten und bedarfsgerechten Datennutzung erweitert werden.

Hinsichtlich der Fragestellung, von wem digitale Zwillinge in Zukunft erzeugt werden, sind sich die Experten weitestgehend einig. Zwar werden fertigende Unternehmen in diesem Bereich auch selbst Kompetenzen aufbauen und entsprechende Lösungen entwickeln. Langfristig wird es aber wohl Unternehmen geben, die als Zulieferer digitale Zwillinge entwickeln. Der Automobilkonzern erwartet vor allen Dingen den Zukauf digitaler Zwillinge als Dienstleistung und ist sich mit dem Simulationsunternehmens einig, dass weniger entscheidend sei, wer den digitalen Zwilling erzeugt, sondern vielmehr, wer ihn langfristig betreiben wird. Denn darin liege das größte wirtschaftliche Potenzial.

Im Bereich B2C sind es vor allen Dingen die Schnelllebigkeit der Produkte und die damit verbundenen effizienten Workflows, die einem umfassenden Einsatz aktuell noch im Wege stehen. In diesem Zusammenhang sei auch noch einmal auf die unterschiedlichen Vorstellungen bezüglich der Definition verwiesen. Smart-Home-Anwendungen sind hier ein Beispiel bei denen die erzeugten Daten je nach Auslegung bereits einfache digitale Zwillinge darstellen. Hier könnten auch datenschutztechnische Probleme mittelfristig ein Hemmnis darstellen. Das detaillierte Erfassen, Speichern und Analysieren wie ein Produkt im Alltag genutzt wird, stellen traditionelle Kritikpunkte von Datenschützern dar (Hornung und Hofmann 2015). Zudem besteht auch im privaten Bereich die Herausforderung, die Nutzung digitaler Zwillinge soweit zu vereinfachen, dass der Gebrauch ohne erweiterte Fachkenntnisse möglich sei.

Zusammenfassend lässt sich festhalten, dass sich das Geschäft mit dem digitalen Zwilling noch in einer sehr frühen Phase befindet. In den Experteninterviews werden zwar die vielseitigen Potenziale deutlich, diesen stehen allerdings noch eine Vielzahl an offenen Fragen gegenüber, die es in Zukunft zu beantworten gilt. Vor allen Dingen bei Fallunternehmen 3 und 4 wird deutlich, wie offen die Frage nach dem richtigen Geschäftsmodell nach wie vor ist. Auch wenn die Fallunternehmen 1 und 2 bereits infrastrukturelle Lösungen vorstellen, steht noch nicht fest, inwieweit diese sich für die Entwicklung und den Betrieb digitaler Zwillinge etablieren. Eine leistungs- und konkurrenzfähige Open-Source-Lösung könnte möglicherweise die Entwicklung deutlich beschleunigen. Fallunternehmen 5 nutzt zwar bereits Lösungen der Fallunternehmen 3 und 4, erklärt dabei allerdings gleichzeitig, dass im derzeitigen Einsatz die Potenziale des digitalen Zwillings noch nicht ausreichend ausgeschöpft werden können. Diese Einschätzung wird auch durch das Fallunternehmen 6 bestätigt, das seine bisherigen Dienstleistungen bei seinen Kunden als erste Stufe auf dem Weg zum wertbringenden Einsatz digitaler Zwillinge sieht.

Implikationen für Forschung und Praxis 5

Der vorliegende Beitrag stellt die erste wissenschaftliche Studie dar, die den digitalen Zwilling aus einer Geschäftsmodellperspektive heraus untersucht. Aufgrund dieses explorativen Charakters stellen die Ergebnisse nicht den Anspruch, die Thematik vollständig zu erfassen und zu bewerten, sondern viel mehr das Themengebiet digitaler Zwillinge erstmalig zu sondieren. Um der internen Validität als Gütekriterium gerecht zu werden, wurden große und kleinere Unternehmen, Bereitsteller und Nutzer der Technologie, historisch gewachsene und junge Unternehmen untersucht. Für einen gesamtheitlichen Ansatz wurden zudem auch Nutzer des digitalen Zwillings sowie Beratungsdienstleister in der Studie berücksichtigt. Letztendlich verspricht ein solcher Querschnitt mehrerer Stakeholder eine fundierte Datengrundlage. Um eine Vergleichbarkeit zu gewährleisten, muss weiterhin ein gemeinsamer Konsens der Begrifflichkeit des digitalen Zwillings identifiziert werden.

Diese Arbeit hat deshalb die ausreichende inhaltliche Übereinstimmung der Definitionen digitaler Zwillinge zunächst aufgezeigt und daraufhin die Fallstudienergebnisse analysiert und verglichen. Darauf basierend lassen sich die folgenden Implikationen und Anforderungen bezüglich ökonomischer Aspekte digitaler Zwillinge an die Praxis ableiten:

1. **Definition:** Die Definitionen liegen bei vielen Unternehmen sehr weit auseinander. Auch innerhalb dieser Arbeit können, deutliche Unterschiede im Definitionsverständnis festgestellt werden. Momentan können die Vorstellungen, welches Produkt ein Kunde erwartet und was ein Unternehmen anbietet, deutlich voneinander abweichen. Dabei schafft der „digitale Zwilling" als Trendbegriff momentan noch Aufmerksamkeit. Langfristig wird es notwendig sein, ein differenzierteres Verständnis zu entwickeln, um dem

R. Klostermeier et al., *Geschäftsmodelle digitaler Zwillinge*, essentials,
https://doi.org/10.1007/978-3-658-28353-7_5

Kunden die Eigenschaften und damit die Vorzüge der Technologie begreiflich zu machen. Dieser Ansatz wird unter Punkt 3 fortgeführt.

2. **Infrastrukturelle Herausforderungen:** Die bisherigen Betriebssysteme, die unter anderem von Fallunternehmen 1 vertrieben werden, sind vergleichsweise teuer. Durch die Vielzahl noch zu überbrückender Schnittstellen wird die Entwicklung des Weiteren ausgebremst. Hier besteht ein großes Potenzial zur Standardisierung. Unternehmen, die etablierte Betriebssysteme vertreiben, werden sich langfristig gegen ausgereifte Open-Source-Anwendungen behaupten müssen.
3. **Geschäftsmodelle:** Zwar existieren auf dem Markt bereits einige Geschäftsmodelle, die den digitalen Zwilling in ihr Zentrum rücken. Ein Verbesserungspotenzial besteht allerdings in der Vermittlung der Vorteilhaftigkeit beim Kunden, vor allen Dingen auch mit monetären Argumenten. Darüber hinaus bietet die neue Technologie unter Umständen ganz neue Geschäftsmodellmöglichkeiten, weshalb bestehende Konzepte im Sinne der BMI ständig weiterentwickelt werden sollten (Wirtz et al. 2016). Darüber hinaus ist eine Integration in die Digitalisierungsstrategie von Unternehmen (Digital Transformation Strategies) denkbar (Hess et al. 2016). Damit kann auch ein Umdenken im Geschäftsfokus vom Hersteller eines Produktes hin zum Dienstleister nötig werden.
4. **Divergenz im Potenzial digitaler Zwillinge:** Die Studie zeigt, dass bereits eine Reihe an Produkten auf dem Markt existiert, die eine Entwicklung oder den Betrieb digitaler Zwillinge erlaubt. Um die damit einhergehenden Potenziale nutzbar zu machen, sind allerdings zumeist erhebliche Fachkompetenzen erforderlich. Gerade große Unternehmen mit einer meist starren Mitarbeiterstruktur sind somit gefährdet, die Vorteile des Einsatzes digitaler Zwillinge kaum, oder wenn nur langsam, umzusetzen. Hier eröffnen sich für Beratungsunternehmen Möglichkeiten, diese Divergenz durch entsprechende Fachkompetenz zu überbrücken.
5. **Privater Konsum:** Private Konsumenten stellen ein sehr großes Potenzial dar. Unternehmen sollten evaluieren, inwieweit dieses Potenzial langfristig fokussiert oder erschlossen werden kann. Auch hier wird entscheidend sein, inwiefern Nutzende ohne entsprechende Fachkompetenzen die Vorteile, die durch den Einsatz digitaler Zwillinge entstehen, ausschöpfen können.
6. Aus wissenschaftlicher Sicht bieten sich **aufbauende Untersuchungen** an. Als explorative Studie können die Ergebnisse dieser Arbeit als konzeptueller Rahmen für weiterführende, validierende Untersuchungen, beispielsweise quantitativ mit Fragebögen, einer größeren Anzahl an Unternehmen dienen. Hinsichtlich der Geschäftsmodellperspektive ist zudem eine differenziertere

Untersuchung der Kundenbedürfnisse sowohl im Business als auch im Customer Bereich denkbar. Darüber hinaus scheinen auch differenziertere Studien in einzelnen Geschäftsmodellbereichen sinnvoll. So könnten quantitative Studien in den Themenkomplexen „Predictive Maintance“ und „Equipment as a Service“ dazu beitragen, Vorzüge digitaler Zwillinge mit entsprechender Datenbasis zu untermauern.

Zusammenfassend lässt sich festhalten, dass die Arbeit eine erste explorative Untersuchung des Einflusses digitaler Zwillinge auf Geschäftsmodelle liefert. Diese ökonomische Perspektive auf digitale Zwillinge zeigt neben einer Vielzahl an Potenzialen auch noch eine ebenso große Zahl an ungelösten Problemstellungen. Letztendlich befindet sich das Konzept des digitalen Zwillings noch in einer sehr frühen und dynamischen Phase und bedarf, insbesondere bei der Umsetzung in digitale Geschäftsmodelle, aufbauende Forschungs- und Entwicklungsarbeit.

Was Sie aus diesem *essential* mitnehmen können

- Anwendungsbereiche digitaler Zwillinge
- Ergebnisse aus Fallstudien mit sechs Unternehmen mit unterschiedlicher Integration des digitalen Zwillings als Geschäftsmodell.
- Untersuchung unterschiedlicher Aspekte wie Definition, Produktbegriffs und Potenziale digitaler Zwillinge
- Implikationen und Anforderungen bezüglich ökonomischer Aspekte digitaler Zwillinge in der Praxis.

R. Klostermeier et al., *Geschäftsmodelle digitaler Zwillinge*, essentials,
https://doi.org/10.1007/978-3-658-28353-7

Literatur

Boschert S, Rosen R (2016) Digital twin–the simulation aspect. In: Hehenberger P, Bradley D (Hrsg) Mechatronic futures: challenges and solutions for mechatronic systems and their designers. Springer, Cham, S 59–74. https://doi.org/10.1007/978-3-319-32156-1_5

Eisenhardt KM (1989) Building theories from case study research. Acad Manag Rev 14(4):532–550

Hess T, Matt C, Benlian A, Wiesböck F (2016) Options for formulating a digital transformation strategy. MIS Q Exec 15(2):123–139

Hornung G, Hofmann K (2015) Datenschutz als Herausforderung der Arbeit in der Industrie 4.0. In: Hirsch-Kreinsen H, Ittermann P, Niehaus J (Hrsg) Digitalisierung industrieller Arbeit, 1. Aufl. Nomos Verlagsgesellschaft mbH & Co. KG, Baden-Baden, S 166–183. https://doi.org/10.5771/9783845263205-166

Osterwalder A, Pigneur Y (2010) Business model generation: a handbook for visionaries, game changers, and challengers. Wiley, Hoboken

Panetta K (2016) Gartner's top 10 strategic technology trends for 2017. http://www.gartner.com/smarterwithgartner/gartners-top-10-technology-trends-2017/. Zugegriffen: 5. Mai 2017

Rosen R, von Wichert G, Lo G, Bettenhausen KD (2015) About the importance of autonomy and digital twins for the future of manufacturing. IFAC-PapersOnLine 48(3):567–572. https://doi.org/10.1016/j.ifacol.2015.06.141

Sammer W (2015) Der Business Model Canvas: Dein Geschäftsmodell kompakt. https://ut11.net/blog/dein-geschaftsmodell-kompakt-der-business-model-canvas/. Zugegriffen: 5. Juni 2017

Shafto M, Conroy M, Doyle R, Glaessgen E, Kemp C, LeMoigne J, Wang L (2010) Draft modeling, simulation, information technology & processing roadmap. Tech Area 11:1–32

Stark R (2017) Smarte Fabrik 4.0 – Digitaler Zwilling. Themenblatt Fraunhofer-Institut für Produktionsanlagen und Konstruktionstechnik IPK:1-3

Stickel-Wolf C, Wolf J (2009) Wissenschaftliches Arbeiten und Lerntechniken: Erfolgreich studieren – gewusst wie!. Gabler, Wiesbaden

Tao F, Cheng J, Qi Q, Zhang M, Zhang H, Sui F (2017) Digital twin-driven product design, manufacturing and service with big data. Int J Adv Manuf Tech:1–14. https://doi.org/10.1007/s00170-017-0233-1

R. Klostermeier et al., *Geschäftsmodelle digitaler Zwillinge*, essentials,
https://doi.org/10.1007/978-3-658-28353-7

Tuegel EJ, Ingraffea AR, Eason TG, Spottswood SM (2011) Reengineering aircraft structural life prediction using a digital twin. Int J Aerosp Eng 2011:1–15

Veit D, Clemons E, Benlian A, Buxmann P, Hess T, Kundisch D, Leimeister JM, Loos P, Spann M (2014) Geschäftsmodelle. Wirtschaftsinformatik 56(1):55–64. https://doi.org/10.1007/s11576-013-0400-4

Volkmann D (2016) The rise of digital twins. GE digital. https://www.ge.com/digital/blog/rise-digital-twins. Zugegriffen: 3. Mai 2017

Wirtz BW, Pistoia A, Ullrich S, Göttel V (2016) Business models: origin, development and future research perspectives. Long Range Plan 49(1):36–54. https://doi.org/10.1016/j.lrp.2015.04.001